L'ŒUVRE

DE

L.-A. BOURGAULT-DUCOUDRAY

Par GRINGOIRE

MÉDAILLON; DEUX PORTRAITS; AUTOGRAPHES; SCÈNE DE « *THAMARA* »

Un Franc

Extrait de la REVUE NANTAISE

NANTES
IMPRIMERIE R. GUIST'HAU
5 & 6, Quai Cassard, 5 & 6
PARIS. LIBRAIRIE FISCHBACHER
1898

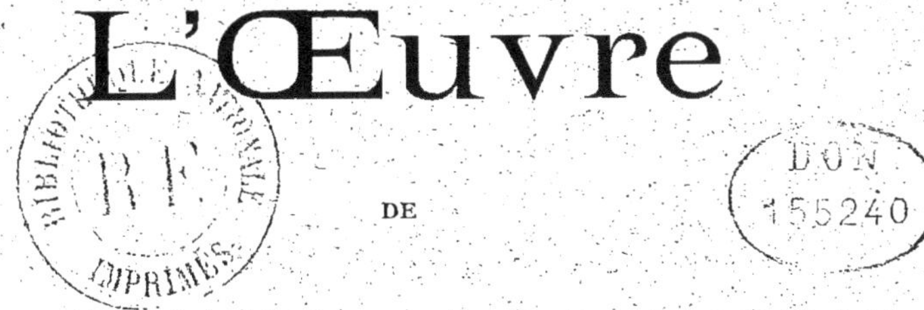

L'Œuvre

DE

L.-A. BOURGAULT-DUCOUDRAY

Par GRINGOIRE

MÉDAILLON ; DEUX PORTRAITS ; AUTOGRAPHES ; SCÈNE DE « *THAMARA* »

Extrait de la REVUE NANTAISE

NANTES
IMPRIMERIE R. GUIST'HAU
5 & 6, Quai Cassard, 5 & 6
PARIS, LIBRAIRIE FISCHBACHER
1898

L'ŒUVRE

DE

L.-A. Bourgault-Ducoudray

Terre du souvenir, ô ma chère
Bretagne ! (*Conjuration des Fleurs.*)

BOURGAULT-DUCOUDRAY (Louis-Albert) est un breton de Nantes. Sa biographie n'offre rien de bizarre, ni de très particulier. C'est celle d'un artiste probe, ayant choisi sa tâche, l'accomplissant en honnête homme, et parvenant à la notoriété comme Buffon voulait qu'on arrivât au style — par une longue patience.

Il naquit le 2 février 1840, d'une famille de bourgeois aisés. On le destinait au barreau ; lui, voulait faire de la musique. Son père exigea qu'il obtînt d'abord sa licence.

A dix-neuf ans, il réussit à faire représenter sur le Grand-Théâtre de Nantes un petit opéra-comique : l'*Atelier de Prague*. Après quoi il étudia le droit, à Paris, selon la volonté paternelle.

Cujas ne l'empêchait pas de cultiver Euterpe. Il composait des mélodies pour violon qu'exécutait son camarade Henri Gatineau, à qui il en dédia plusieurs. Reçu avocat, il travailla la musique avec Louis Girard, se fit admettre dans la classe d'Ambroise Thomas, eut un prix de fugue en 1861 et le Grand-Prix de Rome en 1862, avec sa cantate *Louise de Mézières*.

Il passa trois années en Italie, composa sans relâche : un *Stabat*; des fragments, paroles et musique, d'un drame lyrique ; un recueil de mélodies ; un recueil de motets ; un *Noël* pour soprano et chœurs ; un

Hymne à la joie, pour orchestre, soli et chœurs ; un *Prométhée,* orchestré.

Revenu, en 1866, dans sa ville natale, il prit une part active à l'organisation des concerts de la *Société Philarmonique,* installée au Cercle des Beaux-Arts. La même année, on lui demanda une cantate en l'honneur de la bonne duchesse Françoise d'Amboise, dont M. Richard, vicaire général du diocèse, aujourd'hui cardinal-archevêque de Paris, préparait les fêtes de béatification. L'année suivante, il « chantait »[1] une autre célébrité bretonne, un peu différente : le ministre Billault, son oncle, à qui la ville de Nantes élevait une éphémère statue sur la place Lafayette. Ensuite il reprenait le chemin de la capitale.

Vivement épris de la musique des maîtres classiques, il fonde à Paris, en 1869, une « Société Bourgault-Ducoudray » pour l'exécution des grandes compositions chrorales. La guerre survient, il prend le fusil, retrouve devant l'ennemi les petits mobiles bretons, fait vaillamment son devoir, puis continue son œuvre de vulgarisation musicale jusqu'en 1874.

Sa santé un peu ébranlée exige une diversion. Il va vers l'Orient, est frappé de l'originalité des mélodies populaires grecques, se fait charger d'une mission officielle, et repart pour la Grèce et l'Asie mineure en 1875. De retour en France, il publie ses *Souvenirs d'une Mission musicale, en Grèce et en Orient,* une *Etude sur la Musique ecclésiastique grecque,* un recueil de *Trente Mélodies grecques.*

Ces travaux l'ont fait connaître. En 1878, il est choisi pour remplacer Emile Gautier dans la chaire de professeur d'Histoire de la Musique dramatique, au Conservatoire national de Paris. Cette même année, qui est celle de l'Exposition universelle, on organise des Congrès et des conférences au palais du Trocadéro ; il est appelé à parler sur la *Modalité dans la Musique grecque.* Ch. Gounod préside la séance.

Un jour, au Conservatoire, pendant une leçon sur les chants populaires russes, il exprime le regret que les chants populaires d'une province qui lui est chère n'eussent pas été recueillis comme le furent ceux de la Russie par les Balakireff et les Rimsky-Korsakoff. Sa

---

[1] Cantate pour voix d'hommes, avec accompagnement de musique d'harmonie, composée pour la fête d'inauguration du monument d'A. Billault, à Nantes, le 15 septembre 1867, paroles et musique de L.-A. Bourgault-Ducoudray.

attendant qu'ils obligent l'auteur applaudi de *Thamara* à sortir de ses cartons son opéra : *Bretagne*, encore inédit.

Au physique, l'homme est « un vrai breton », dit un de ses biographes, M. de Lauzières-Thémines, qui fut son collaborateur pour la publication des *Mélodies grecques* : taille moyenne, mince, nerveux, teint des blonds « un peu hâlé, comme s'il avait gardé la double atteinte de la mer et du soleil de l'Orient » ; voix métallique, vibrante, nette, juste, avec des sonorités de clairon ; parole facile, éloquente, sans redondance, traduisant la pensée avec une étonnante limpidité, en phrases courtes, hachées, martelées, mais d'expression naturelle, précise, parfois heureusement imagée, le plus souvent charmeuse ; air sérieux de l'homme d'étude et de commandement ; physionomie vive, mobile, animée — en un mot, né orateur ».

Professeur érudit, mais de cœur chaud, on le sent trop poète pour le classer parmi les critiques ; musicien éloquent, mais raffiné, il demeure partagé entre l'inspiration de sa propre nature, foncièrement enthousiaste, et le tyrannique amour pour la grâce originale des modalités grecques.

Au total, le musicien passera sa vie à se fortifier dans cette opinion, que la musique moderne, limitée comme moyens d'expression au *majeur* et au *mineur*, retrouverait dans la musique antique et les chants populaires issus d'elle, sa Fontaine de Jouvence. Il bornera sa tâche — et pour ainsi dire, son idéal — à encourager le pèlerinage vers cette source miraculeuse. Et par ses œuvres maîtresses, *Thamara* et *Bretagne*, il prêchera d'exemple, avec un talent de tous incontesté.

I.

Le raccourci biographique que nous venons de tenter, montre assez l'unité de pensée de M. Bourgault-Ducoudray, à travers les nombreux travaux qui honorent déjà sa laborieuse carrière. Dans l'examen rapide qui va suivre, — essai de « biographie intellectuelle » plutôt qu' « étude critique » — nous ne séparerons pas le musicologue du musicien, le théoricien de l'artiste.

Il y a peu de chose à dire sur l'*Atelier de Prague* [1], aimable opéra-comique, en un acte, représenté sur le Grand-Théâtre de Nantes, le 29 décembre 1859, et joué trois fois. C'est l'œuvre d'un débutant bien doué. Une jolie phrase de l'ouverture, le duo sur un rhytme de polka, la sentimentale romance : *Elle était jeune, elle était pure*, le trio : *c'est mon rêve — qui s'achève !* accusent seulement l'influence d'Auber.

Quelques pages, oubliées sans doute, écrites par M. Bourgault-Ducoudray dans la fougue juvéline, nous éclairent curieusement sur l'« état d'âme » de ce musicien de vingt ans.

En août 1861, la Société Botanique de France herborise entre le Pouliguen et le Croisic. Le jeune Bourgault fait partie de l'expédition. On le charge du rapport. Or c'est un poète qui tient la plume du botaniste en herbe : « nous dominons la pleine-mer, dit-il, elle est à nos pieds, qui vient se briser sur les rochers, blocs énormes et bizarres dont la côte se hérisse. Au loin, les yeux s'égarent... » Notez qu'il s'agit d'une excursion scientifique, et que, circonstance aggravante, la fièvre jaune sévit à Saint-Nazaire, semant la terreur dans toute la contrée. Le rapporteur n'en est point troublé. A Batz, il néglige les plantes en « us », et détaille avec complaisance le costume des indigènes : « La coiffure des femmes, écrit-il, rappelle celle des sphynx égyptiens. » Il s'oublie encore à regarder « le soleil couchant dorer le granite des antiques portails, et rougir le sable ardent. » La vision des paysages d'Orient obsède déjà l'esprit de ce breton imaginatif. Il décrit ainsi la plaine qui longe, à l'ouest, les marais salants entre Batz et le Croisic : L'aspect calme de ces solitudes sablonneuses, la largeur des lignes de ce paysage, la paix et la grandeur qui y règnent, tout contribue à donner à cet ensemble un caractère biblique. De nombreuses citernes sont creusées dans le sable ; à la vue des femmes au costume antique, qui s'y rendent ou qui reviennent, portant sur la tête une cruche élevée, et arrondissant le bras pour la soutenir, on se reporte involontairement à l'époque patriarcale où Rachel allait puiser de l'eau à la fontaine, et il semble qu'on va voir arriver les troupeaux de Laban... » Brusquement, un éclat de rire interrompt cette bucolique qui semblait sortir du programme. Le rapporteur se

[1] Le livret, en vers, selon la mode du temps, et signé du pseudonyme de « Chantenay » était de M. Georges Derrien, un Nantais qui, sous l'Empire, devint directeur de l'Hospice des Quinze-Vingts.

ravise : « Ce caractère oriental du paysage est si frappant, dit-il, qu'il arrache à l'un de nous (M. Édouard Bureau, peut-être, qui était du voyage) cette exclamation : Est-ce que nous n'aurons pas une caravane de chameaux pour nous conduire au Croisic ? »

Il y avait du gavroche dans la nature primesautière du futur auteur de *Thamara*. D'ailleurs, l'original botaniste ne quitte pas le bourg de Batz sans maudire le Vatel qui leur a servi un mauvais déjeuner, dans une sorte de vague chaumière. Les temps sont bien changés. En 1897, à l'ombre de la vieille tour grise de Saint-Guénolé il trouverait sur le piano d'un coquet restaurant, la *Tétralogie* complète...

Ecrivant sur un Nantais, et dans une *Revue Nantaise*, on nous pardonnera ces détails. Peut-être au surplus ne sont-ils point inutiles. L'idée tenace du musicologue qui devait plus tard établir l'analogie frappante existant entre les chants populaires de Bretagne et ceux des peuples orientaux, n'apparaît-elle pas ainsi, comme en germe, dans le rapport sur la Flore de la côte batzienne ? Les études de l'âge mûr ne seront que le développement, l'épanouissement logique de choses en quelque sorte désirées, devinées par le poète.

* * *

A la villa Médicis, le jeune lauréat [1] dut songer à l'envoi réglementaire, c'est-à-dire à la musique religieuse. Dure obligation, car il se sentait attiré vers le théâtre. L'étude des vieux maîtres, qu'il entreprit, l'influença fortement, l'incita à rechercher le Beau musical aux sources pures. Alors, il « découvrit Palestrina » et l'aima. Ce fut une conversion durable. Il renonça pour longtemps aux séductions de la scène, et composa avec une sorte de ferveur ce *Stabat* [2] qui compte parmi ses meilleures inspirations.

---

[1] La cantate couronnée : *Louise de Mézières,* — de M. Edouard Monnais pour les paroles — était tirée d'un roman de Mme de la Fayette : *Mademoiselle de Montpensier.* L'exécution, très applaudie, eut lieu en séance publique annuelle de l'Académie des Beaux-Arts, le 4 octobre 1862. Les interprètes étaient Mlle de Taisy, MM. Warot et Troy. A Nantes, l'exécution eut les mêmes interprètes.

[2] Soli, chœurs, grand orgue, orchestre à volonté. Exécuté souvent à Paris, notamment à Saint-Eustache, aux Concerts du Conservatoire et de l'Exposition universelle de 1878 ; à Nantes, à la salle des Beaux-Arts, en 1865.

D'esprit agile, M. Bourgault-Ducoudray était doué d'une réelle facilité. Sa cantate pour les fêtes de béatification de Françoise d'Amboise, épouse du second fils de Jean V, fut composée, orchestrée, apprise en moins de huit jours.

On préparait alors les cérémonies mémorables qui tinrent Nantes en liesse pendant les journées des 29-30 avril et 1er mai 1866. Au

dernier moment, on s'adressa au « prix de Rome » nantais pour la musique d'un chant de circonstance. Le jeune homme accepta avec joie de contribuer pour une part aux hommages à sa « glorieuse payse ». L'exécution fut solennelle. Une longue procession de fidèles s'était rendue au vieux Château, escortant l'image de la Bienheureuse. Cette manifestation avait pour but d'évoquer les souvenirs de l'an 1466, alors que, rentrant à son manoir, la bonne duchesse allait reprocher au duc, qu'elle aimait, ses graves désordres, et lui rappeler ces douces paroles, jadis familières : « Sur toute chose, que Dieu soit le mieux aimé ! »

Le refrain reproduisait cette devise. Quatre cents voix soutenues par la musique militaire, sous la direction de l'auteur, le clamèrent à la fois, avec une ampleur et une gravité religieuses. Et ce fut un beau spectacle. Les évêques, le clergé en habits sacerdotaux, les bannières piquant leur note claire dans la verdure des arbres, le peuple empressé sur les chemins de ronde, aux fenêtres historiées, jusque dans les combles du « Grand logis », les chants, la musique montant vers l'azur ensoleillé, tout rappelait, dit un écrivain [1], « les pompes que Rome antique réservait à ses triomphateurs [2] »...

Elle a noble allure, la cantate [3] qui pendant ces jours de fièvre populaire synthétisa, en quelque sorte, les vœux épars de la foule croyante. Le refrain est majestueux. Le motif en *ré majeur*, « *L'amour du Christ, comme un glaive* », est d'une pénétrante douceur. Mais ce que nous devons retenir, c'est le caractère de l'*andantino*, six-quatre : « *Pudique, pauvre, obéissante* » accompagné par les flûtes seules. La phrase, aux mesures 4, 5, 6, rappelle le *Dies Iræ*, écrit dans un mode grec ; et justement, la mélodie entière, que l'on croit en *fa mineur*, avec modulation en *ut mineur*, emprunte à la modalité hypodorienne sa saveur particulière. Déjà le musicien se préoccupe d'utiliser les ressources précieuses qu'offre l'art ancien et qu'il n'entrevoit encore qu'à travers les mélopées du plain-chant.

---

[1] *Revue de Bretagne et de Vendée*, tome XIX, 1866.

[2] On retrouve la note juste de cet enthousiasme dans la péroraison enflammée du discours prononcé à la cathédrale par l'un des trois orateurs du Triduum : « Que tu es belle, ô Bretagne ! avec la triple barrière de ta langue, de tes mœurs, de ta race ! que tu es belle avec tes bruyères sauvages, le parfum de tes genêts, avec ton océan aux vagues tantôt mugissantes, et tantôt plaintives ! Vieux vaisseau des continents, tu vogues vers l'inconnu. Entraîne avec toi l'Europe, la France, la terre ; car tu gardes la foi qui doit les sauver »...

L'orateur était le fameux père Hyacinthe... Mais qui eût deviné sous la robe blanche du moine le mauvais berger qui sommeillait ? Nous le revîmes depuis, en redingote, pérorer sur la scène du théâtre Graslin.

[3] Fut exécutée dans plusieurs villes bretonnes. Elle se chante encore tous les ans à Nantes, aux Couëts, où l'on conserve les reliques de la duchesse. Pour les paroles, M. Emile Grimaud s'était inspiré d'un hymne très ancien, d'auteur inconnu, faisant partie du recueil en usage chez les religieuses du couvent des Couëts.

liturgique. Nous verrons que l'impression produite sur sa vibrante imagination par le spectacle inoubliable, et un peu théâtral, où il avait été mêlé, ne devait pas être étrangère à l'éclosion d'une de ses plus importantes compositions, je veux parler de l'opéra *Bretagne*.

***

Le jeune Bourgault avait alors vingt-six ans, l'âge des illusions. Il partageait avec ardeur les travaux de la Société Philharmonique [1], dont son père s'occupait, en dilettante informé. Il publiait à l'usage des auditeurs un *Guide des Concerts de Musique classique*, et — sentiment rare — il se préoccupait aussi d'améliorer le sort des exécutants. Il voulait que les artistes qui apportaient le concours de leur talent pussent participer aux avantages qu'offrait la « Société des Artistes musiciens de France », fondée par le Baron Taylor, et qu'ainsi l'Association philharmonique de Nantes fit, en même temps qu'œuvre de vulgarisation « œuvre d'humanité, de justice et de bienfaisance ».

Le généreux artiste, toujours enthousiaste, toujours poète, terminait ainsi un curieux travail sur la question : « Si un jour, comme nous l'espérons, cet esprit d'Association se développe et grandit ; si les principes de solidarité et de fraternité qu'il proclame doivent recevoir dans la Cité un accroissement et une sanction ; si un jour *l'esprit communal se réveillait*, si la majorité des citoyens, AU LIEU DE VIVRE ISOLÉS ET ABSORBÉS DANS LA POURSUITE D'INTÉRÊTS PRIVÉS se rapprochaient avec ferveur pour marcher à la conquête du bien commun ; si *l'amour de la Cité*, dominant et fortifiant celui de la famille, transformait chaque ville en une école de dévouements et de vertus ; si un pareil résultat était atteint, on serait forcé d'en convenir, la musique, que beaucoup de gens appellent encore un *art d'agrément* et considèrent comme un passe-temps frivole, ne serait pas sans y avoir contribué [2] ».

---

1 La Société Philharmonique, créée en 1864, avait pour président M. Guilley, et pour commissaires MM. Bourgault-Ducoudray, père et fils, Le Blanc, Constant Douillard, Boucher de la Ville-Jossy. Elle donnait six concerts par an, sous la direction de M. Solié père. On lui doit les belles auditions du *Stabat*, de Rossini, du *Désert*, de Félicien David, de l'*Hymne à la joie*, de Bourgault-Ducoudray, etc.

2 Publié dans la *Revue de Bretagne et de Vendée*, tome XXI, 1867.

Autant en emporta le vent! L'entreprise d'ailleurs coûta beaucoup et dura peu... C'est une expérience qui se renouvelle, à Nantes, à des époques diverses, et ne réussit guère. Et ce ne sont pas toujours les fonds qui manquent le plus.

Avec la foi et la tenacité des bretons qui le caractérisent, M. Bourgault-Ducoudray, trois ans plus tard, renouvela cette tentative à Paris, en se limitant aux grandes œuvres chorales.

Dans une séance d'ouverture, salle Herz, le 28 mars 1869, il fit entendre — pour la première fois en France — *la Passion*, de Handel. Aux programmes des séances suivantes figurèrent Arcadelt, Roland de Lassus, Palestrina, Vittoria, Vulpius, Josquin-Després, Scarlatti, Allegri, Aichinger, Lotti, Rameau, Glük, Mendelsohn, enfin Berlioz et Saint-Saëns. Les graves événements de l'Année terrible n'interrompirent point la série des concerts. Les hommes y venaient en lignards, écrivait naguère M. Louis Gallet, les femmes en ambulancières. Le chef d'orchestre lui-même, qui entendit au Bourget siffler les premières balles, faisait, entre deux auditions, son service au 31e bataillon de marche [1]. L'artiste se doublait d'un patriote ardent [2].

Parmi les œuvres exécutées il ne faut pas omettre de rappeler *Alcis et Galatée*, le *Messie*, de Handel, la *Bataille de Marignan*, de Clément Jannequin, la cantate de Bach : *C'est Dieu seul qui gouverne*, etc. La « Société Bourgault-Ducoudray [3]» faisait donc pour les oratorios classiques et les maîtres anciens, ce que devaient faire dans la suite pour les symphonies de Beethoven, et les maîtres modernes, Pasdeloup, Colonne et Lamoureux. Et ainsi, dans l'histoire des Concerts Populaires, qui ont tant aidé au progrès musical en France, le nom de notre compatriote sera bien placé à côté de ceux des trois grands chefs d'orchestre.

---

1 Il fut blessé, et pour sa belle conduite obtint la médaille militaire, décoration non moins glorieuse que la Légion d'Honneur, qui s'y ajouta plus tard. M. Bourgault-Ducoudray est aussi Chevalier de l'Ordre du Sauveur (de Grèce) et Officier de l'Instruction Publique.

2 Le concert du 18 novembre 1870 fût donné au profit des Ambulances de la Presse, pendant le siège de Paris. Ceux du 16 février et du 1er mars 1872, au profit de la Souscription Nationale pour la Libération du Territoire.

3 Le Ministre des Beaux-Arts l'encouragea d'une subvention en 1872.

II.

La Grèce, terre classique par excellence, devait attirer l'artiste qui déjà s'était laissé prendre au clair génie des primitifs italiens. M. Bourgault-Ducoudray y vint au printemps de 1874.

A Athènes, son oreille fut tout de suite frappée par les chants populaires, airs de danse, chansons dans les modes antiques. Il ne connaissait l'effet de ces anciennes modalités que par le chant grégorien « dont les mélodies sont belles, mais d'un style lourd et pétrifié. » Il vit que l'effet était autre dans les chants populaires. « Les mélodies, au point de vue de la modalité, ressemblaient au plain-chant, mais elles s'en distinguaient par leurs rythmes piquants et bien accusés, par leurs contours pleins d'élégance et de souplesse, par leur allure vivante et libre. » Et le désir lui vint de cueillir ces étranges fleurs musicales.

Dans les *Souvenirs d'une Mission musicale en Grèce et en Orient* [1], il conte, en humoriste, comment d'une part il fit sa récolte mélodique parmi le peuple, et, d'autre part, comment il pénétra la théorie jusque-là impénétrable de la musique byzantine, en usage dans les églises grecques.

Le Carnaval, qu'en bon nantais il attendit sans doute avec impatience, lui fut propice. Et d'abord il lui rappela doublement sa ville natale, par la grosse joie des Athéniens et, — coïncidence singulière — par le ciel inclément. « Malgré la pluie torrentielle qui menaçait les mascarades, écrit-il, il y eût des masques assez osés pour sortir, et des curieux assez intrépides pour les aller voir. J'étais du nombre, et il m'arriva de suivre tout un jour, une mascarade, le parapluie à la main, pour recueillir un air que chantait le conducteur de la troupe et qui m'avait séduit... » Cet air, ô joie ! se trouvait être un spécimen parfait du « système conjoint antique [2]. »

---

[1] Cet ouvrage parut d'abord en articles dans le journal le *Temps*, en 1876.

[2] Outre la flûte et la grosse caisse, battue des deux mains, instruments qui formaient l'accompagnement ordinaire de cette musique populaire, il remarqua, avec un étonnement quelque peu ravi, la présence de ce « gros hautbois aux sons durs et criards, qu'on appelle, en Bretagne, bombarde ou musette ».

A Smyrne, il fit sa meilleure moisson, auprès d'une jeune chypriote, Mme Laffon, femme du chancelier du Consulat. Il écouta aussi les orgues de Barbarie, qui pullulent en ce pays. « Je ne croyais pas, en France, ajoute-t-il gaiement, qu'un jour je donnerais à des joueurs d'orgue de gros pourboires, et qu'il m'arriverait de courir après des instruments que je fuyais comme la peste. »

La difficulté fut autre pour recueillir la musique d'église. Les chants liturgiques sont notés dans une langue inconnue, composée de signes bizarres ; l'exécution par les chantres et les enfants de chœur est déplorable et fausse à faire crier. De plus, aucun traité n'existait en grec moderne, et pas un professeur ne parlait français. M. Bourgault-Ducoudray reprit bravement ses études de grec ancien, puis, avec l'aide de M. Burnouf, le savant directeur de l'École Française d'Athènes, il réussit, après mille peines, à traduire l'abrégé théorique de Chrysanthe de Matydos. C'était « la clé de la ville qu'il avait jusque là assiégée en vain ». Muni de ce « sésame » il parcourut les églises grecques, vit, à Smyrne, le protopsalte (premier chantre) de Saint-Dimitri, à Constantinople, l'archimandrite Aphtonidis, ex-directeur d'un des couvents du Sinaï, enfin le distingué poète Tantalidis.

Après quoi, il rêva d'une réforme de la musique grecque — tout simplement — et exposa ses raisons. Mais nous touchons à l'idée dont l'application fût ensuite l'objet de ses préoccupations constantes, idée féconde grâce à laquelle son nom devrait survivre, même si les belles pages musicales qu'il a déjà écrites n'existaient pas.

***

« Rien de misérable, rien de barbare, rien de répugnant pour une oreille européenne, comme le chant qu'on entend dans les églises orientales, constate M. Bourgault-Ducoudray. Ces intervalles autres que le ton et le demi-ton, qui sont la plupart du temps autant de notes fausses, ces voix chevrottantes, ce chant nasal, ce monotone, cet impitoyable *ison*, qui fait à une mélodie expressive l'effet d'une broche passée à travers d'un corps humain, tout cela cause à l'auditeur une impression aussi désagréable, dans l'ordre des choses esthétiques, que l'est le mal de mer dans l'ordre des choses physiologiques. »

C'est que l'éducation des chanteurs manque et que la théorie, très compliquée, n'est pas fixée. C'est aussi que la musique ecclésiatique grecque est exclusivement mélodique et vocale. Tout instrument est proscrit du temple. Pas d'accompagnement, sauf le terrible *ison*, *fondamentale harmonique* du mode, tenue par les voix d'enfants. Or, les modes sont si nombreux, les modulations si fréquentes, les chanteurs si inhabiles, que l'*ison* ne change pas toujours à propos pour éviter la cacophonie. Ajoutez à ces difficultés, celles provenant de la « loi d'attraction ». Dans certains modes, quand la mélodie descend vers la tonique, la note au-dessus baisse d'un quart de ton.

Parmi cet art confus, M. Bourgault-Ducoudray sut débrouiller certaines règles, et les formuler. Il put ensuite apprécier le véritable intérêt qu'offrait la musique byzantine.

Moins lourde, moins austère que le chant grégorien, dans lequel l'emploi exclusif du genre diatonique donne un caractère constamment viril, elle excelle à rendre les sentiments doux, suppliants, timides : elle se « féminise », si l'on peut dire. Essentiellement différente de la musique antique par son écriture, elle l'est encore beaucoup par sa théorie. Mais ce qu'elle a de commun avec elle — et c'est le point — ce sont les modes diatoniques usités dans l'antiquité.

M. Bourgault-Ducoudray retrouva avec joie les vestiges de ces modalités anciennes, et comprit le parti qu'on en pouvait tirer. De là ce rêve enthousiaste :

« Si la longue enfance où a vieilli la musique orientale l'a privée des immenses ressources de l'harmonie, dont l'invention fait tant d'honneur aux nations européennes, en revanche elle jouit d'un antique privilège que notre musique a perdu : elle possède *huit* modes, au lieu de *deux*, et cela lui assure une incontestable supériorité au point de vue de la *variété de l'expression mélodique*... Le jour où les nations de l'Orient pourront *appliquer l'harmonie à leurs modes* la musique orientale sortira enfin de sa longue immobilité. De ce jour jaillira un art original et progressif, dont l'avènement ouvrira de nouveaux horizons à la musique d'Occident. »

Ce rêve, d'autres peut-être l'avaient fait avant lui, mais moins persévérants, ou moins érudits, ils n'en avaient rien déduit. Il ne s'agissait pas, en effet, d'appliquer aux mélodies grecques une harmonisation ne convenant qu'aux modes *majeur* et *mineur*. Il fallait appliquer la polyphonie moderne aux gammes antiques, afin de

« renforcer l'expression sans l'altérer ». Ses devanciers ne l'avaient pas su.

M. Bourgault-Ducoudray comprit en même temps, la nécessité d'une réforme de la musique orientale, et en établit les principes : 1° fixation de la théorie (il la fixa lui-même dans un remarquable Traité) ; 2° conservation intégrale des nombreux modes (car ils sont une tradition en même temps qu'une originalité) ; 3° application de la polyphonie moderne à ces modalités ; 4° adoption d'une notation nouvelle, accessible aux occidentaux, afin de ne pas laisser subsister entre la Grèce et nous, comme une muraille de Chine au point de vue musical.

Et partout où il prêcha la nouvelle doctrine, il trouva les Grecs sympathiques à ses études, et disposés à en favoriser le succès. « J'ai été bien des fois surpris, ajoute-t-il, d'entendre des jeunes gens discuter sur la valeur de telle ou telle de leurs mélodies sacrées, et chanter des exemples à l'appui de leur opinion. Combien en trouverait-on en France, se plaisant à raisonner sur le chant grégorien, et pouvant le faire avec quelque compétence ? » ...Oui, combien ?

Au résumé, la réforme tendait à introduire dans la musique grecque la polyphonie, qui représente l'élément moderne, tout en sauvegardant les modes, qui représentent l'élément traditionnel et national. Les conséquences découlaient d'elles-mêmes : la musique européenne, déjà fatiguée par un développement excessif du *majeur* et du *mineur*, puiserait à cette source rajeunie des éléments nouveaux de combinaison, et des moyens d'expression encore inexploités.

Pour apprécier l'importance de cette introduction des modalités grecques dans la technique moderne, il faut se rappeler ce qu'était, parmi les « Arts musiques » des anciens (qui embrassaient toute l'éducation intellectuelle) la musique proprement dite que pratiquaient les aèdes.

L'archéologie n'a jusqu'ici projeté que peu de lumière sur ce point, les monuments qui nous ont été transmis sont peu nombreux ; nous savons, du moins, qu'il y avait solidarité intime entre la forme et le fond, l'exécution et la pensée — le mode et le style — corrélation qui n'a lieu que d'une façon vague, avec les modalités *majeure* et *mineure*. « Nos modes, avait très bien vu J.-J. Rousseau dans son *Dictionnaire de Musique*, ne sont fondés sur aucun caractère de sentiment, comme ceux des anciens, mais uniquement sur notre système harmonique. » La différence est essentielle. Platon, au IIIe livre de sa *République*, Aristote dans sa *Politique*, attribuaient aux modes différents des caractères spéciaux. Leur emploi correspondait à la nature du texte poétique. Le mode qui convenait à l'exaltation patriotique ne pouvait, par exemple, convenir à la volupté [1].

Il serait puéril de songer à faire revivre, dans leur intégralité, des distinctions subtiles dont le sens est perdu. Quelque chose nous manquerait, d'ailleurs, pour en saisir l'à propos : la tradition, l'accoutumance. Aussi bien le génie des maîtres aurait-il tôt fait de briser ces cadres étroits.

Mais de cet appareil expressif — varié, puisque né de sentiments infiniment divers — il restait des combinaisons mélodiques neuves pour des modernes, des formes originales inexploitées, des « couleurs qui ne s'étaient pas encore rencontrées sur la palette musicale », et c'est cela que rêvait de conquérir M. Bourgault-Ducoudray. Enrichir la langue des sons, tel était le but suprême. Ce but, entrevu par J.-J. Rousseau, il le jugeait réalisable, en raison des progrès de la polyphonie ; il le réalisait en inventant pour les modalités anciennes un revêtement harmonique à leur convenance [2].

A ce sujet, la simple lecture au piano des *Trente Mélodies de Grèce et d'Orient* est suggestive [3]. Là se trouvent réunis, en œuvre, et avec

---

1 Les principaux modes étaient l'hypodorien, l'hypophrygien, l'hypolydien, le dorien, le phrygien, le lydien, le mixolydien.

L'*hypodorien* était qualifié fier, superbe, grave ; l'*hypophrygien*, passionné, religieux, extatique ; l'*hypolydien*, voluptueux, dissolu, bachique ; le *dorien*, sombre, violent, viril, belliqueux, etc. Ce dernier était le mode grec par excellence.

2 Dans sa *Conférence sur la modalité dans la Musique grecque*, il essaya de rendre sensible aux auditeurs d'un concert cette originalité qu'il apportait. La théorie était fort simple : Le mode *majeur* a son caractère, le mode *mineur* a le sien. La différence provient uniquement de la position des demi-tons. Or cette différence est bien tranchée. La pluralité des modes est donc une cause de variété dans l'expression musicale. La langue des sons sera donc plus riche avec huit modes qu'avec deux. — Il prit ensuite un air populaire : *J'ai du bon tabac*, le transcrivit dans tous les modes, l'harmonisa en conséquence, et le fit exécuter. L'expérience fut concluante.

Cette conférence fut faite au Palais du Trocadéro, le 7 septembre 1878. Parmi les exécutants se trouvait en première ligne Mme Bourgault-Ducoudray, musicienne distinguée autant que sculpteur habile. On a pu en juger par le médaillon reproduit au début de cette étude.

3 La traduction des Chants grecs, due à M. de Lauzières-Thémines, est en italien. « Il y a plus d'analogie entre la poésie italienne et la poésie grecque moderne, qu'entre

cette verdeur qu'offre la mélodie dans le chant populaire, la plupart des modes grecs. Et cette sorte « d'herbier musical » est pour les techniciens d'un intérêt considérable.

Premièrement, par l'exactitude : les mélodies y sont en quelque sorte « photographiées. » L'impeccable érudition du « botaniste musical » l'empêchait de rejeter comme bizarrerie ce qui était conséquence de la modalité. Deuxièmement, par la polyphonie, pour la première fois, logiquement appliquée. C'était alors une chose inconnue qu'une mélodie antique avec un accompagnement qui ne fut ni *majeur*, ni *mineur*.

Tout de même, ce travail pouvait ne point toucher la foule. Un « herbier musical » n'est accessible qu'aux spécialistes. M. Bourgault-Ducoudray le comprit. Il utilisa pour une suite de danses grecques les mélodies qui n'avaient pu trouver place au Recueil. Et le *Carnaval d'Athènes* [1] fut mieux goûté que les plus belles théories du monde. C'est qu'aussi cette composition révélait un maître dans le maniement des timbres de l'orchestre. Il se trouva que le froid érudit était en même temps le plus chaud des coloristes.

Dans le même ordre d'idées, la *Rapsodie Cambodgienne* [2] fut très remarquée. Elle était faite de mélodies dans les modes orientaux proprement dits, proches parents des modes grecs. Et ainsi la réforme de la musique grecque se trouvait faite par celui-là même qui l'avait conseillée : les effets qu'on en pouvait espérer avaient enfin commencé de passer « dans le domaine des faits musicaux contemporains ».

« On doit désirer — écrivait Jean-Jacques au siècle dernier [3] — pour le progrès et la perfection d'un art qui n'est pas à beaucoup près au point où l'on croit l'avoir mis, que les précieux restes de

---

celle-ci et la française ; certaines images, certaines tournures de phrase que l'on trouverait à juste titre les unes trop naïves, les autres trop crues dans notre idiome, gardent impunément dans le vers italien le sens et la saveur de l'original. » On lirait avec intérêt le développement de cette remarque dans le *Discours sur l'Universalité de la Langue française*, de Rivarol.

[1] Les motifs, tous écrits dans les modes grecs — sauf un seul — avaient été recueillis pendant le Carnaval. Ces danses parurent pour piano à 4 mains en 1880. Orchestrées dans la suite, elles passèrent aux programmes de tous les grands concerts.

[2] Fut composée pendant l'hiver 1888-89 sur des thèmes rapportés du Cambodge par M. Hamelin, parent de l'auteur. Elle fut orchestrée la même année et jouée pour la première fois au Concert Lamoureux, en janvier 1890.

[3] *Dictionnaire de Musique*, au mot *Plain-Chant*.

l'antiquité soient fidèlement transmis à ceux qui auront assez de talent et d'autorité pour en enrichir le système moderne. Loin qu'on doive porter notre musique dans le *plain-chant*, je suis persuadé qu'on gagnerait à transporter le *plain-chant* dans notre musique[1]; mais il faudrait avoir pour cela beaucoup de goût, encore plus de savoir, et surtout être exempt de préjugés. »...

Autographe musical de M. Bourgault-Ducoudray

[1] Nous n'avons pas le loisir de nous arrêter à l'objection qui fut faite par M. J. Weber, le savant critique du *Temps*, dans son feuilleton du 23 novembre 1885, à savoir que la tonalité moderne peut rendre tous les effets de la tonalité ancienne. M. Weber cite l'autorité de Berlioz. Ce n'est qu'une boutade. La question de forme était seule en cause; non celle de principe. Beaucoup de compositeurs ont usé accidentellement des modes grecs. Mais au début les cas étaient exceptionnels. Il y avait mieux à faire. C'est ce qu'a voulu montrer M. Bourgault-Ducoudray.

Quant à signaler l'emploi des modes grecs par les Maîtres, nous n'avons que l'embarras du choix. Nous trouvons le mode hypodorien dans l'invocation à la Nature

Joignez les *Chants populaires* grecs au *plain-chant* dont parle Jean-Jacques, et cette proposition devenait, à la fin du dix-neuvième siècle, le programme de notre compatriote. Et donc — d'après l'auteur des *Confessions* — M. Bourgault-Ducoudray serait « un musicien de beaucoup de goût, d'encore plus de savoir, et surtout exempt de préjugés. » — Dont acte.

III

Le hasard — et, sans doute, quelque secret dessein dès longtemps caressé — mit M. Bourgault-Ducoudray sur les grands chemins de Bretagne pour y cueillir des chants, ainsi qu'il avait fait en Grèce et en Asie-Mineure.

Dans la préface très développée des *Trente Mélodies populaires de Basse-Bretagne*[1], il conte les incidents du voyage, la méfiance du paysan devant « le monsieur qui cherche des airs », mais, surtout, il expose les analogies frappantes qui existent entre la musique grecque et la musique bretonne : l'emploi des modes anciens, le système rythmique rompant sans cesse avec la carrure moderne, l'alliance intime de la poésie au chant.

Élargissant la question, il se demande alors si le lien de parenté qui relie les chants grecs aux chants bretons n'implique pas une commune origine à l'art musical des deux peuples. D'autant que des caractères communs se rencontrent aussi en pays de Galles, en Écosse, en Irlande, en Suède, et jusqu'au cœur de la Russie. Des

---

de la *Damnation*, au début des *Noces de Prométhée*, de Saint-Saëns ; à la première phrase de la Ballade du Roi de Thulé, du *Faust* de Gounod ; le mode hypolydien, au célèbre adagio du 15e quatuor de Beethoven ; au début de la chanson du Roi de Thulé, de la *Damnation* de Berlioz ; Saint-Saëns a fait un curieux emploi des modes orientaux dans les ballets de *Samson*, etc.

[1] Pour la traduction, en vers, des chants bretons, le musicien s'était adressé à M. François Coppée. L'auteur des *Intimités* déploya dans son travail le talent délicat et ému qu'on lui connaît.

Ils sont tous jolis, ces chants. Quelques-uns sont exquis : *Ma douce Annette*, *Complainte d'une Méchante*, *Le Clerc de Tremelo*, *Mona*. Le cantique : *Disons le chapelet*, psalmodié le soir dans une vieille église de village, pourrait bien être l'une des plaintes les plus poignantes qui se puissent imaginer.

caractères identiques se retrouveraient ainsi dans la musique primitive de tous les peuples qui composent le groupe indo-européen, c'est-à-dire la race aryenne. Il aurait existé une musique aryenne qui se serait répandue au moment de la dispersion des races... Hypothèses précieuses ! La conclusion des études sur la musique ecclésiastique et les chants populaires grecs s'imposerait donc avec d'autant plus d'autorité ?

Cher Monsieur

Je suis très touché de la préoccupation si affectueuse que me témoigne votre lettre et de l'intérêt que portent mes compatriotes à mes efforts et à mes travaux.

. . . .

Agréez, Monsieur et cher compatriote mes sentiments dévoués.

L. A. Bourgault Ducoudray

Autographe de M. Bourgault-Ducoudray

« Si les modes antiques appartenaient aux Grecs exclusivement, s'écrie alors M. Bourgault-Ducoudray, ce serait un caprice d'érudit, une véritable fantaisie d'archéologue que de chercher à les ressusciter dans notre musique. Mais si au contraire ces modes vénérables proviennent d'un héritage commun avec tous les Aryens, on ne voit pas pourquoi nous n'exploiterions pas un domaine qui fait partie du patrimoine de notre race, et qui est en vérité bien à nous. » Et il continue : « La musique savante est parvenue actuellement aux dernières limites du développement de ses deux modes officiels : le *majeur* et le *mineur*. Toutes les combinaisons harmoniques qui procèdent de ces deux modes paraissent épuisées. Comme au seizième siècle, la musique demande aujourd'hui son pouvoir expressif aux artifices du contrepoint. Impuissante à créer de nouvelles formes harmoniques et mélodiques, elle tire ses effets de la superposition de thèmes souvent peu remarquables en eux-mêmes, et des ressources techniques de l'instrumentation. L'abus du compliqué et du difficile doit provoquer tôt ou tard une réaction. Un retour à la simplicité et à la clarté s'impose à l'École Française, comme le seul moyen de conserver son individualité et son génie propre... » [1].

Cette page résume, en une fois, toute la pensée de M. Bourgault-Ducoudray, éparse dans ses écrits, visible dans la plupart de ses compositions musicales ; elle est, au fond, la raison d'être de *Thamara* et de *Bretagne*, œuvres d'une grande beauté, auxquelles nous avons hâte d'arriver.

*
* *

Après trente années d'un labeur incessant — et utile, l'avenir en répond — l'auteur de l'*Atelier de Prague*, qui avait débuté par le théâtre, y revint. A vrai dire, il y était revenu dès 1883, avec sa *Conjuration des Fleurs*, mais timidement, et comme par délassement aimable de mandarin musical. Sans être de grosse conséquence dans l'œuvre de M. Bourgault-Ducoudray, ce petit poème satirique mérite cependant de nous arrêter.

Les personnages sont le Souci, la Pensée, la Fleur de la lande, le Bleuet, la Violette, le Laurier, la Marguerite, le Coquelicot... et un Génie, sorte de représentant de la Providence dans l'Empire des Roses. Premier tableau : la *Conjuration* ; deuxième tableau : l'*Assemblée des Fleurs*.

Il est nuit ; les fleurs sont endormies. Le Souci, qui veille, appelle ses sœurs. Il se plaint du printemps pluvieux, du trouble des saisons.

---

[1] Préface des *Trente Mélodies bretonnes*.

Une révolte s'impose. Il faut réformer tout cela, convoquer l'Assemblée souveraine. Les conjurées s'y rendent, sur une Marche d'une solennité amusante.

L'Assemblée se tient dans une forêt vierge « brillamment illuminée ». Avant tout, il s'agit d'élire une reine. Les partis se forment, l'un tient pour la Pensée, l'autre pour le Laurier. Aux voix ! aux voix ! crie-t-on. Des papillons vont de fleur en fleur remettre des bulletins. Mais les fleurs bretonnes font irruption, ayant à leur tête la Fleur de la lande : « Je suis âpre et fière, d'humeur sauvage... et je préfère mon sol antique à toutes les grandeurs, trompeuses vanités... » Ces paroles graves ont imposé le silence ; la fille de l'Armorique reprend (et ici pensez un peu à l'auteur lui-même) : « Plus je vis retirée et plus ma joie est grande — que me font les honneurs pourvu que sur la lande — je puisse de la mer aspirer l'air salubre — écouter des grands bois la musique si belle — et sentir chaque soir l'esprit des temps passés — qui me parle dans l'ombre et m'effleure de l'aile... »

Les conjurées se consultent, hésitent. Survient la Rose éblouissante qui rallie tous les suffrages. La Rose va être élue, quand soudain paraît le Génie : Que vois-je ! clame le bon géant, on veut s'émanciper ? Du Souci je reconnais la maligne influence ; qu'il soit puni et perde son parfum.

Les pauvres fleurs, terrifiées, jonchent le sol. Le Génie, touché de leur repentir, entame un sermon débonnaire : Vous voulez connaître les grandeurs, mes pauvrettes ! et gouverner, entretenir en vos cœurs l'incurable folie de l'orgueil ! Croyez-moi, contentez-vous du lot que le ciel vous donna. Allez plaire et charmer, et parfumer la terre...

Inutile d'insister sur le sens philosophique de cette pure fantaisie, aussi gracieuse par l'exécution que par la conception. C'est la leçon aux « féministes » actuels. Le musicien en écrivit lui-même les paroles — souvent en prose, malgré que M. Zola ait cru en amener la mode — et M. Bourgault-Ducoudray montra là une des faces spirituelles de son talent, souvent jugé trop austère, encore que la réalité s'accorde mal avec les apparences.

La partition de la *Conjuration des Fleurs* [1], très moderne de facture,

---

[1] Exécutée pour la première fois à Paris, salle Herz, le 27 janvier 1883 ; à Nantes, en 1885, salle Florent, par la Société la *Concordia*, que présidait Mme Laënnec.

De nombreuses exécutions des œuvres du Maître eurent lieu à Nantes. Nous en rappellerons une, à la salle des Beaux-Arts, et qui date de trente ans. Au programme doit peu de chose aux chants populaires. On en retrouve cependant trace. Elle est élégante, mélodique, et ceux qui l'ont entendue une fois n'oublient plus le motif pénétrant de la Pensée : « Je suis celle qui jamais ne dort — et jamais ne suis apaisée, — sinon dans la Mort ! »

*
* *

Nous arrivons enfin à l'œuvre maîtresse, à *Thamara*, c'est-à-dire au couronnement des efforts de toute une vie d'études et de recherches. C'est dans cette composition magistrale que l'essai d'acclimatation des modes grecs devait se produire de façon quasi-solennelle sur notre première scène lyrique.

Fait remarquable — et dangereux — la théorie avait précédé l'exécution. Il fallait, avec cet opéra, lutter doublement, contre les préjugés du public, et contre les préventions d'une critique avertie — laquelle en vaut deux, dit le proverbe. La victoire, heureusement, ne fut pas incertaine. Et l'on peut aujourd'hui proclamer hautement (nul n'y contredira) que l'éclipse rapide de *Thamara* sur l'affiche de l'Académie Nationale de Musique, tint à des considérations où l'art n'a rien à voir. Sa réapparition prochaine ne fait doute pour personne.

Il serait fastidieux de rééditer ici les lieux communs sur les ennuis éprouvés par le compositeur qui attend son tour d'être joué. Des ennuis, il y en eût (mauvais vouloir de la direction [1], jalousie de confrères, œuvre décriée à l'avance, ensuite compromise par l'enrouement d'un ténor [2]); du moins, *Thamara* ne moisit pas en cartons. Commencée le 1er juillet 1890, la partition avait son point final le 25 décembre suivant. Elle affrontait la rampe un an après, le 28 décembre 1891.

---

figuraient le *Stabat Mater* et l'*Hymne à la Joie*. Une cinquantaine de jeunes filles formaient une partie des chœurs. Elles avaient uniformément revêtu la robe blanche, coupée par une écharpe de satin cerise. Et toutes avaient les cheveux relevés « à la grecque » avec des bandelettes du plus gracieux effet.

1 MM. Ritt et Gailhard étaient sur le point d'abandonner leur direction, et il ne fallut pas moins que la volonté du ministre, M. Léon Bourgeois, pour les obliger à monter *Thamara*.

2 M. Vergnet qui avait répété le rôle de Nour-Eddin, se vit forcé de l'abandonner par raison de santé. Ce fut M. Engel, qui se dévoua, au dernier moment, et n'eut pas lieu de s'en repentir.

A la vérité, M. Bourgault-Ducoudray devait cette fortune au privilège que lui constituait le prix de Rome [1]. Seulement, pour en user, il avait attendu trente années! Le désir de faire vivre une idée, avait seul, peut-être, triomphé des répugnances de l'auteur à livrer une de ces batailles théâtrales, si décevantes, même dans le succès.

Mlle DOMENECH et M. ENGEL, dans *Thamara*

---

[1] Les palmes décernées par l'Institut peuvent être considérées comme une preuve de talent ; le privilège qu'elles donnent est souvent illusoire. Parmi les 27 « prix de Rome » qui précédèrent notre compatriote, de 1803 à 1862, huit seulement réussirent à aborder l'Opéra.

Le sujet, on le pense, est purement oriental[1]. Bakou, la Ville Sainte, est assiégée par le sultan Nour-Eddin. Elle manque de vivres et de munitions ; elle va se rendre. Soudain le Pontife parait au seuil du Temple : Nous sommes sauvés ! — Qui nous délivrera ? gémit le peuple — Une femme !

Cette femme, c'est *Thamara*, la vierge de Bakou. Elle ira sous la tente de Nour-Eddin, et, nouvelle Judith, essaiera de séduire Holopherne. Elle profitera ensuite de son sommeil pour le poignarder[2].

Ce poème, tant par le lieu de l'action que par la simplicité tragique du sujet, convenait à merveille au musicien. L'analyse de la partition nous révélerait, en effet, un talent vigoureux, fort, et, sur la technique orchestrale, documenté à l'égal de celui des grands maîtres. Elle montrerait une sincérité d'accent, une intensité expressive rarement dépassées. Certes, peu de musiciens eussent été capables d'écrire, avec cette haute gravité, les paroles du Grand-Prêtre, ni avec ce souffle et cette vérité aiguë des sentiments et des caractères, le long duo d'amour, lequel passe, à juste titre, pour un chef-d'œuvre.

Nous ne pouvons songer à démontrer ici ce que la critique admet à l'évidence. Nous étudions, depuis sa genèse, la marche d'une idée féconde. Il nous suffit de savoir qu'elle a magnifiquement abouti, en inspirant une œuvre de premier ordre, qui vivra par elle, et pour elle ; une œuvre de passion, qui est, en même temps que la réalisation d'une théorie curieuse, une page de poésie frémissante et neuve. Périssent maintenant les lourds Traités et les dissertations ardues !

---

[1] M. Louis Gallet, le librettiste, avait tiré le scénario d'une nouvelle publiée par lui, sous le même titre, dans la *Nouvelle Revue*.

[2] Les interprètes, à l'Opéra, étaient : Mlle Domenech, *Thamara ;* M. Engel, *Nour-Eddin ;* M. Dubulle, *le Grand-Prêtre ;* M. Douaillier, *Khirvan*.

La Société des Concerts Populaires de Nantes, en sa soirée du 11 mars 1892, avait donné la plus grande partie du second acte, avec Mme Boidin-Puisais et M. Warmbrodt. Pour l'adorable chœur des almées, les artistes formant l'élite de la troupe lyrique avaient tenu à figurer comme simples choryphées. C'étaient : Mmes Augé, Bennati-Frémaux, Elvéda Boyer, de Graëf, Lemátte-Schweyer, Leroux-Burel, Mondaud, Romain et Saint-Laurent.

La première représentation de l'œuvre entière eût lieu au Théâtre Graslin, le 25 avril 1895, sous la direction Castex. Le compositeur, présent dans la salle, fut appelé sur la scène et acclamé. L'interprétation, excellente, était confiée à Mme Dhasty et à MM. Ansaldi, Grimaud et Fabre. Les élèves du Conservatoire s'étaient joints aux chœurs du théâtre pour obtenir une exécution digne de l'œuvre, et digne du Maître.

Avec des matériaux rapportés d'Orient, vestiges d'une civilisation disparue, un Maître, désormais incontesté, a pu édifier un monument impérissable, d'architecture toute moderne, d'originalité indéniable. Les théories meurent, les œuvres vivent. Les formes, les couleurs et les rythmes, unis dans l'expression du Beau, sont d'essence immortelle. Et ainsi le but éternel de l'Art est atteint.

IV.

Avant de composer *Thamara*, M. Bourgault-Ducoudray avait songé à un opéra breton. C'était l'ordre naturel des choses.

Bretagne fut mis sur le métier vers 1885; il n'est pas encore représenté. Nous n'en connaissons même que des fragments, interprétés par la vaillante *Concordia* nantaise [1]. L'œuvre, d'ensemble, n'appartient donc pas à la critique. Il est intéressant, cependant, de noter l'effort identique accompli dans un même sens que pour *Thamara;* ce qui est logique, puisque les modalités grecques se retrouvent dans la musique bretonne.

Quant aux grandes lignes du sujet, à la physionomie des personnages, nous ne résistons pas au plaisir de reproduire quelques extraits d'une lettre [2] où l'auteur expose, avec son éloquence habituelle, un plan mûrement pensé, une action prise au cœur de la race :

« C'est en errant un jour dans les vieux quartiers de Nantes, et en rêvant au passé de notre ville que je conçus la première idée de cet opéra. A cette époque je venais de terminer mon travail d'harmonisation des mélodies populaires de Basse-Bretagne. Fortement excité par le parfum capiteux de ces fleurs mélodiques, mon imagination nourrissait le désir de produire une œuvre qui fut comme imprégnée de la saveur et des sucs de la terre bretonne. La pensée de faire revivre certaines figures de notre histoire locale, — Anne, la *bonne* duchesse; François II, le dernier duc breton; le grand « imaigier » Michel Columb, ou Colombe, dont la cathédrale de Nantes possède l'immortel chef-d'œuvre — cette pensée, dis-je, m'envahit avec une force irrésistible.

---

1 Des fragments de *Bretagne,* opéra en 4 actes, furent exécutés au concert du 18 décembre 1892, salle de l'Externat des Enfants Nantais, sous la direction de l'auteur. Le principal personnage était représenté par Mme Eléonore Blanc.

2 Je saisis avec empressement l'occasion de remercier ici les amis et les admirateurs de M. Bourgault-Ducoudray, qui ont bien voulu m'aider de leurs souvenirs ou de leurs documents. — G.

Peu de temps après, ayant soumis mon projet à deux collaborateurs MM. Louis Gallet et Bonnemère, je me mis résolument à l'œuvre, sentant bien que je serais soutenu, en travaillant, par un vif sentiment de la physionomie des caractères, et de la couleur du milieu.

« Au point de vue de la construction mélodique,... cherchant avant tout à donner à ma musique une couleur *vraie*, je ne pouvais m'abstenir d'employer des modes de la musique antique et du plain-chant, ni repousser le effets particuliers d'expression qu'ils produisent. L'auditeur en trouvera, dans *Bretagne*, des traces fréquentes, notamment dans certaines cadences, où, prenant modèle sur les airs du pays, j'ai évité l'emploi de la *note sensible*. A l'exemple des plus illustres auteurs, je me suis permis d'insérer dans mon ouvrage plusieurs mélodies locales ; mais soucieux de « l'unité » autant que de la « vérité » je ne me suis pas borné à « citer » ces mélodies, en les reproduisant intégralement ; je me suis surtout inspiré de leur construction et de leur tournure, pour tirer de mon propre fonds des mélodies créées à leur image. Je me suis appliqué à composer avec ces fleurs bretonnes une essence qui, répandue dans l'œuvre entière, lui donnât un parfum et un « bouquet particulier. »

Suit un passage, où M. Bourgault-Ducoudray explique qu'il se trouve ainsi en parfaite conformité de vues et de tendances avec la nouvelle École Russe, la seule qui ait transporté dans la musique symphonique et dramatique tous les effets de la musique populaire, au point de vue des modes et des rythmes.

« ... L'inspiration mélodique est, pour ainsi dire, l'image photographiée de l'âme d'un peuple. L'originalité de la musique des Bretons dérive de leur physionomie morale, de leur tempérament, de leur caractère. Une énergie obstinée, une forte tendance à l'idéalisme, un profond attachement au sol natal et un invincible courage à le défendre, sont des traits si nettement et si vigoureusement accusés dans la race bretonne qu'ils sont devenus en quelque sorte proverbiaux. Je devais chercher à donner à mon héros principal, au grand « imaïgier ». Columb, une âme à la fois rêveuse et vaillante, poétique et « trempée », également obstinée dans la recherche de l'idéal et dans la défense du pays. Le barde Gildas, son père adpotif, devait offrir les traits du « bretonnant » Columb, moins la jeunesse et la nervosité que développe toujours, même chez les plus robustes, la pratique de l'Art. Moins fougueux que Columb, moins concentré, plus primitif, Gildas est tout d'une pièce ; tous les sentiments aboutissent chez lui à un seul : l'amour du pays. Il est poète aussi, mais à la façon des simples, « voyants » et naïfs. La figure de la duchesse Anne devait garder l'empreinte de l'âme bretonne, avec la nuance « féminisée » ; il fallait la montrer courageuse, sans doute, mais poétique et touchante, parée de la double auréole de la jeunesse et du malheur. Quant au duc d'Orléans, il semblait fait exprès pour fournir un puissant élément de contraste, si l'on opposait habilement aux trois figures précédentes ce type essentiellement « français » d'un prince élégant, galant, chevaleresque, élevé dans cette cour de France qui commençait à s'affiner aux premiers contacts de la Renaissance italienne.

Une large place devait être faite à l'élément choral, dans un sujet empreint d'un vif sentiment local — le patriotisme de Columb et de Gildas n'étant que le reflet des énergies et des passions qui animent les masses populaires, et la fin de la pièce, le cri de Gildas, entrevoyant dans l'avenir la fusion en une seule de deux nations différentes, prophétisant la réunion de la Bretagne à la France, appelait impérieusement l'intervention du *chœur*, apportant dans sa note intense, l'espérance et les aspirations d'une collectivité... »

Nous n'ajouterons qu'un mot à cette curieuse lettre, pour surprendre le poète en travail, et reconnaître le souci qu'il garde de la philosophie de l'œuvre à laquelle le musicien devra ensuite donner l'accent lyrique, — l'envolée ! C'est ainsi que s'enfantent les pages durables.

Et puisque nous avons longuement parlé de *Bretagne*, — une espérance que nous voulons croire peu lointaine — nous pouvons, à plus forte raison, annoncer le *Joseph* que prépare l'Opéra en vue de la saison 1898-1899.

On connaît l'admirable partition de Méhul ; on sait aussi, hélas ! le pauvre livret qui l'inspira [1]. Or, *Joseph*, qui n'est guère du répertoire de l'Opéra-Comique, ne peut être de celui de l'Opéra, faute de *récitatifs*. Il existe, de ce chef, une lacune regrettable que l'on a chargé M. Bourgault-Ducoudray de combler. Il la comblera, on peut en être sûr, avec le respect profond qu'il professe pour l'un des plus purs et des plus attachants entre les musiciens de génie. Le livret est depuis longtemps aux mains du fin poète Armand Sylvestre. Et, s'il faut tout dire, outre les récits, nous aurons la surprise de plusieurs scènes importantes, *indispensables*, à côté desquelles le brave Alexandre Duval avait passé : ainsi le Songe de Jabob, l'Aveu de Siméon, la Reconnaissance de Joseph et de ses frères... [2]

Il est temps de nous borner. L'importance de notre sujet nous a contraint aux choses essentielles, et nous arrivons au terme de notre travail avec le regret d'avoir laissé dans l'ombre maintes pages musicales, sérieuses ou légères, faciles ou savantes, toujours écrites avec ce parti-pris de sincérité, ce dédain des formules banales, qui plus d'une fois déconcertèrent l'auditeur peu attentif. Mais comment ne pas citer, avant de finir, cette symphonie exquise sur l'*Enterrement d'Ophélie*, d'une saisissante mélancolie et que les Grands Concerts ont depuis longtemps adoptée, à côté du *Carnaval d'Athènes* et de la *Rapsodie Cambodgienne*, ces compositions si profondément originales [3] ; comment passer sous silence tant de mélodies déjà célèbres.

---

[1] *Joseph*, drame en trois actes mêlé de chants, représenté pour la première fois à l'Opéra-Comique, le 17 février 1807.

[2] Continuons nos indiscrétions en annonçant l'exécution, le 28 avril prochain, du *Songe de Vasco*, sur des paroles de Mme Simone Arnaud. Cette série lyrique pour soprano a été écrite à la prière de Mme Ed. Adam. Elle doit être chantée au grand amphithéâtre de la Sorbonne lors de la célébration du quatrième centenaire de Vasco de Gama.

[3] Nous nous en voudrions de ne pas relater la belle exécution de l'*Enterrement d'Ophélie* et de la *Rapsodie Cambodgienne* aux Concerts de l'Opéra, en février 1896. M. Bourgault-Ducoudray fut alors l'objet d'une véritable manifestation : « En acclamant ce noble et sincère musicien, écrit M. Ed. Stoullig, dans ses intéressantes *Annales du Théâtre et de la Musique*, en le rappelant trois fois sur l'estrade au milieu de tonnerres d'applaudissements, le public a glorieusement vengé l'auteur de *Thamara* de l'injuste délaissement, par la direction de l'Opéra, d'un ouvrage dont le second acte était une merveille de couleur ».

Il y a quelques jours le *Carnaval d'Athènes* était joué, avec un succès énorme, à la représentation de retraite de Mlle Reichemberg, la « petite doyenne » de la Comédie-Française.

Kanlidjé, Primavera, dans les modes anciens, et ce curieux *Hippopotame* « si rudement et si fièrement expressif » a écrit M. Alfred Bruneau [1]; comment ne pas rappeler encore les travaux pédagogiques, le considérable *Rapport sur l'Organisation de l'Enseignement du Chant dans les Ecoles*, les *Recueils de Chœurs*, à l'usage des Écoles Normales supérieures, l'intéressante lettre sur « les moyens de sauver de l'oubli les mélodies populaires de la Bretagne » ?...[2]

Il faudrait aussi consacrer une longue étude à l'enseignement du Maître au Conservatoire. Mais cette étude sera faite un jour, car les leçons du savant musicien, rédigées pendant les premières années du cours, seront publiées. On saura alors la verve de l'orateur, l'étendue de son savoir, la chaleur d'âme de l'artiste, le sens juste du critique toujours prêt à s'exalter généreusement, dans son admiration pour les grands « penseurs » en musique...[3]

Nous avons suivi M. Bourgault-Ducoudray dans les grandes lignes de son existence artistique. Nous avons essayé de retracer cette vie simple, si justement récompensée par le succès sincère, le seul ambitionné. Au début, à peine touché par les grâces factices du théâtre, il se livre tout entier aux vrais maîtres, se consacre exclusivement à la vulgarisation de leurs hautes pensées. Puis l'Orient l'attire. Il y passe en poète, refait en Grèce les rêves homériques ébauchés à vingt ans sur la côte bretonne [4], revient en France ivre d'harmonie et de soleil. Au retour l'attend une surprise douce. La musique bretonne et la musique grecque sont sœurs; et le cœur même des deux arts est un trésor inexploité. En enrichir l'Art moderne, tel est l'idéal. Il le réalise avec deux œuvres de haute probité, de

---

1 L'*Hippopotame*, sur des paroles de Théophile Gautier, fut chanté deux dimanches de suite, le mois dernier, au Concert Colonne, et *bissé* chaque fois.

2 *Bulletin archéologique de l'Association Bretonne*, à propos de la 25e session du Congrès Breton, tenu à Châteaubriant, en 1882.

3 La leçon d'ouverture du Cours parut dans le *Ménestrel*, 1878; une très belle leçon sur l'École Allemande a aussi été publiée dans la *Nouvelle Revue*, février 1895. A signaler encore un compte rendu des représentations de Bayreuth, *Revue des Deux Mondes*, janvier 1893.

4 A lire, dans les *Souvenirs d'une Mission musicale en Grèce*, les pages charmantes relatant le voyage à Mégare.

passion vraie. *Thamara! Bretagne!* Un opéra oriental! un opéra breton!... La tendresse partagée du Maître nous devait ces deux fils de sa *Muse!*

Et si maintenant l'on se demande pourquoi le nom de M. Bourgault-Ducoudray passe sur les lèvres de la foule moins souvent que tel autre moins glorieux, c'est que ce bénédictin de la musique, cet homme de foi, est parmi les contemporains une sorte de *solitaire* robuste, qui marche lentement, mais d'un pas assuré, à côté des Écoles dont il ne se réclame point, et qu'il ne suit pas davantage — et qu'enfin cet indépendant est un modeste.

31 Mars 1898.

GRINGOIRE.

Catalogue des œuvres de L.-A. Bourgault-Ducoudray

ŒUVRES DRAMATIQUES

L'Atelier de Prague, opéra-comique en un acte.......................... Gambogi.
La Conjuration des Fleurs, poème satirique en deux tableaux.......... Heugel.
Thamara, opéra en quatre tableaux.. Grus.
Bretagne, opéra en quatre actes.. (inédit).

ORATORIO

Stabat Mater, solos, chœurs, grand orgue, orchestre........................ Noël.

ŒUVRES SYMPHONIQUES

Le Carnaval d'Athènes, (danses grecques) piano ou orchestre............ Choudens.
L'Enterrement d'Ophélie, piano, harpe ou orchestre.......................... Maquet.
Rapsodie Cambodgienne, piano ou orchestre...................................... Heugel.

CANTATES, CHŒURS

A Sainte-Catherine-d'Alexandrie; Ceux qui pieusement... (Grus). — Au souvenir de Roland; Jean de Paris (Margueritat). — Chanson de Printemps; En Avant; Hymne à la Patrie; Hymne au Feu Sacré; Nos Pères; Ronde Bretonne; Les Sabots d'Anne de Bretagne; Le Soldat; le Psaume de la Vie; la Chasse; Chœur des Buveurs (Heugel). — Dieu notre divin Père (Noël). — Hymne au Matin; Tout l'Univers est plein; Chant des Pêcheurs; Noël (Choudens). — *Laudate Dominum* (Parvy).

MÉLODIES, DUOS, ETC.

Adieu; Jamais elle ne raille; Chanson d'Amour; Chanson de Loïc; Chanson de Mai; le Grillon; Harmonie!; Madame la Marquise; le Sonnet du Misanthrope (Heugel). — L'Andalouse; Clair de Lune; l'Hippopotame; Mélancolie; Primavera; Tristesse; Tes Yeux; Villanelle; les Yeux de ma Mie (Grus). — L'Angélus (Lemoine). — Chanson d'une Mère; Chant de ceux qui s'en vont sur mer (Noël). — Chanson des Pêcheurs; les Goëlands; Hymne à la mer; Paysage; Pendant la Tempête (Choudens). — Les Papillons (Voiry). — Kaulidjé (Durand). — Valse chantée (Davison, Londres).

MUSIQUE POUR VIOLON, PIANO, ETC.

Violon : Anisikya; Sur les Lagunes; Sous les Saules (Lemoine). — Berceuse; Quatrième Mélodie; Cinquième Mélodie (Heugel).

Piano : All Ungherese; Bataille de Cloches; Deuxième Gavotte; Légende Slave; le Néophyte; Souvenir de Prades (Heugel). — Bourrée; Marchons au trot; le Moustique; Sur le Rempart (Hamelle). — Gavotte; Menuet (Noël). — Fumées, en quatre parties : l'*Appel sous les Eaux, Poëtique Apparition, Tendres Émois, Enterrement d'Ophélie* (Maquet). — La Majeure; Passe-Pied (Grus).

Orgue : Adagio.

ÉCRITS SUR LA MUSIQUE. — RECUEILS

Conférence sur la Modalité dans la Musique Grecque.
Souvenirs d'une Mission Musicale en Grèce et en Orient.
Études sur la Musique ecclésiastique Grecque.
Rapport sur l'Enseignement du Chant.

(Librairie Sagot)

Trente Mélodies populaires de Grèce et d'Orient.
Trente Mélodies populaires de la Basse-Bretagne.

(Lemoine)

ŒUVRES INÉDITES

Trois hymnes grecs (chœur, voix de femmes et piano). — Symphonie Religieuse (voix d'hommes et de femmes, sans accompagnement) — Mélodies sur les *Châtiments*. — A Françoise d'Amboise (cantate : chœur et orgue). — Chant pour le navire : *le Fidèle* ; Cinq Mélodies Vendéennes, etc.

Nantes. — Imprimerie R. GUIST'HAU, 5 et 6, quai Cassard.

www.ingramcontent.com/pod-product-compliance
Ingram Content Group UK Ltd.
Pitfield, Milton Keynes, MK11 3LW, UK
UKHW022139260726
13993UKWH00005B/2032